alma de poeta
Maria L. P. Mariano

cacha
lote

alma de poeta

Maria L. P. Mariano

PREFÁCIO 9

VERSOS E TRILHAS
(1970 – 2011)

PAZ	13
COTIDIANO	14
POR TODA NOITE	15
SOL	16
GOTEIRA	17
LEMBRANÇA	18
ABRIGO	19
PROBLEMAS	21
TEMPO	22
SORRISO	23
VIRTUOSA	24
FADA	25
CORRENTES	27
MOMENTOS	28
TALVEZ	29
SONHO	30
HINO A TERCEIRA IDADE	31
DOÇURA	32
ESPAÇO	33
LABIRINTO	35
COMIEIRA	36
SEGREDOS	37
SOLIDÃO	38

PROJETO	39
RELENTO	40
JURAMENTO	41
ESTACAS	42
ESCALADA	43
TROFÉU	44
ACASO	45
PLANOS	47

DE VOLTA
(2012 – 2016)

ÁRVORE	51
PASSADO	53
AMIGA E COMPANHEIRA	54
ESTANDARTE	55
LUZES	56
DESATAR	57
ESPERO	58
ESTEIO	59
ALQUEIRES	60
TERRENO MOLHADO	61
CASULO	62
TEMPORAL	63
NEGA	65
SILÊNCIO	66
LENÇÓIS DE ÁGUA	67
A VOLTA	68
LIBERDADE	69
FIM DE SEMANA	70
POESIA	71
ESPELHO	72
CAATINGA	73
VESTIDO DE CHITA	74

PREFÁCIO

Dona Maria, uma mulher negra, idosa, simples e semianalfabeta, encontrou na escrita uma forma de expressão e refúgio. Durante anos, ela guardou suas poesias em um baú, longe dos olhos do mundo, sem perceber o tesouro que possuía. Cada poema é uma janela para sua alma, refletindo suas experiências, emoções e sonhos. Durante uma caminhada em nossas aulas – fui seu professor de atividades físicas no grupo da terceira idade de sua cidade – fui surpreendido pela beleza e profundidade de suas poesias. Fiquei impressionado com a riqueza de suas palavras e a força de seus sentimentos. Foi então que disse a Dona Maria que seus versos estavam muito além do que ela julgava e que o mundo merecia conhecer a grandeza de sua obra. Dona Maria, mesmo titubeante, concordou e, com coragem e determinação, iniciou sua nova jornada. Esta antologia compreende uma vida inteira de paixão à poesia e mais de 50 anos de produção poética, que certamente tocará a todos que a tiverem em mãos. Não é apenas uma celebração do talento de Dona Maria, mas também uma prova de que nunca é tarde para trilhar novos caminhos e permitir novas histórias. A jornada de Dona Maria é uma lembrança poderosa de que a arte e a expressão não conhecem barreiras de idade, educação ou circunstâncias sociais. Que suas palavras inspirem, emocionem e iluminem a vida de muitos leitores, assim como iluminou e continua iluminando a minha.
Boa leitura!

Pedro Paulo Oliveira dos Santos
e *Gabriela Mariano Ferrage de Brito*

VERSOS E TRILHAS
(1970 – 2011)

PAZ

Paz é ver o sol,
Depois da tempestade,
É encontrar alguém,
Depois da saudade.

COTIDIANO

No cotidiano da vida
Há em cada um, uma ilusão.
Do nosso encontro, querida,
Nasceu uma grande paixão!
O nosso amor tão imenso
Tão cedo se transformou
Em nuvens passageiras,
Que passam ligeiras,
Nem chuva deixou.

POR TODA NOITE

Por toda noite te procuro,
Na incerteza de encontrar,
Ainda me resta uma esperança
Que você vem me procurar.
Após a noite vem o dia,
O sol começa a despertar.
Se onde está, sente saudade?
Vem, que eu estou a te esperar.
Mesmo distante,
A sua imagem está comigo.
Eu não mereço este castigo,
Sei que você está sem ninguém,
Por isso, espero,
Que um dia você vai voltar
Com mil desculpas e promessas,
Jurando não mais me deixar.

SOL

Hoje volto a viver, o sol aquece
meu coração.
Quero colher orquídeas e plantar
mais amor.
Colocar em prática esta força
que está em meu ser.
Não quero dar lugar à tristeza,
mas sim à esperança.
Quero ser feliz...

GOTEIRA

Vai um pingo atrás do outro
Escoando da goteira
Passa minutos e horas
Sempre nesta brincadeira.
Palhoça de caboclo simples
Lá no Sertão não tem luz!
Dentro do peito a saudade
Assim leva sua cruz.
O canto da passarada
Serve-lhe, como acalento
Assim, vai passando o dia
Na esteira deito e sento.

LEMBRANÇA

Ainda tenho na mente,
Meu tempo de criança
São coisas tão inocentes
Que não me sai da lembrança.
Pulando corda e barranco
Correndo pelo caminho
Pegando as borboletas
Ouvindo os passarinhos.
Depois, voltava pra casa
Alguma coisa ia fazer
Não sabia felicidade!
Que perto estava você.
Naquela vida humilde
Eu era muito feliz!
Pois tudo era tão simples,
Meu coração é que diz.
Fiz arte e travessura
Mas amo a minha raiz.

ABRIGO

Peguei a chave do tempo
Abri o meu coração
E dele fiz um abrigo
Para guardar a emoção.
Rastejo na correnteza
Tentando te encontrar
Quem sabe no fim do rio
Ou no encontro do mar?
Para nossa ilha iremos,
E juntos vamos amar.

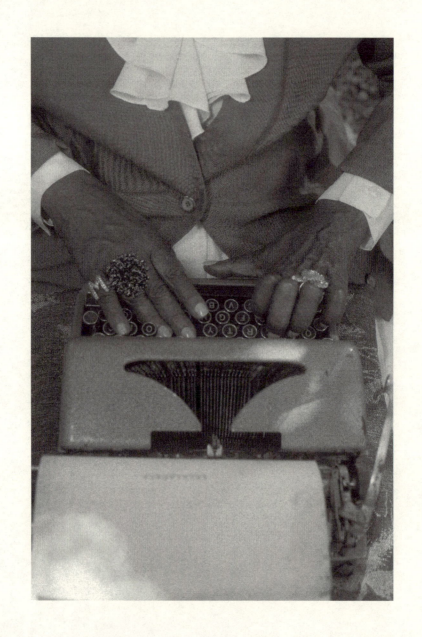

PROBLEMAS

Problemas da vida,
Problemas do amor
Mesmo com problemas
Sou um sonhador.
Com os pés no chão
Tento caminhar...
Olhando pra frente,
Não penso em voltar
Porque os problemas
Não vão acabar.
Mas, sou otimista,
E sou lutador
Vencendo a tudo
Dando o amor,
A arte da vida
Procuro esquecer
Eu tenho problemas
Mas amo você!!!

TEMPO

Passa o tempo, o tempo passa,
Passa a hora de te ver
Coração batendo forte
Esperando o amanhecer.
Vai o camponês alegre
Encontrar seu bem querer
Passa o tempo, o tempo passa,
E vem logo o amanhecer.
Sol na montanha se esconde
Não tem tempo de correr
Passa o tempo, O tempo passa,
Só não passa você.

SORRISO

Teu sorriso nos faz vencer o cansaço
... Enfrentamos o mormaço
Na trajetória da vida esquecemos a lida
... Encontramos novos caminhos
... Encontramos amigos
... Aprendemos a lutar para conquistar nossos objetivos.
Passo a passo, chegamos mais perto do nosso ideal.
A primavera nos traz banquete de flores
Devemos plantar uma semente de paz e ternura.
E, juntos iremos cultivar o amor, a cada dia
E nos abraçar mais e mais e dizer
Eu te amo.

VIRTUOSA

Filhas dádivas de Deus,
Me fez virtuosa
Acolhi em meu peito
Acariciei teu rosto
Entendo teu olhar.
Quando não estou por perto,
Sentes insegura, sem minha presença,
O silêncio da noite lhe assusta,
O despertar do sol traz paz
O brilho do seu olhar me enche de alegria.

FADA

Para minha fofinha com carinho: "Gabriela"

Gabi minha fada amada!
Fruto de um grande amor
Não é ursinho de pelúcia
Mas joia de grande valor,
Teu rosto tem um encanto
Teu coração faz o bem,
Se alguém é sua amiga
Tenho uma amiga também.
A fama não te intimida
Nada em você vai mudar
Sei que vai estar presente
Na hora que eu chorar.

CORRENTES

Homenagem a minha princesa "Onyi".
Com carinho, Vovó Maria

Tua pele tem perfume,
Que não consigo esquecer
Teu caminhar tem balanço
Na volta quero te ver.
Água brota da terra,
Lua clareia o terreirão
Orvalho só cai à noite,
Molhando o coração.
Correntes são desatadas
Liberdade meu irmão!!!
O vento sacode a folha,
Do verde do meu sertão
Quem não cultiva o amor
Acaba na solidão!!!

MOMENTOS

— Momentos de nascer
— Momento de cantar
— Momento de sorrir
— Momento de sonhar
— Momento de agir
— Momento de lutar
— Momento de ouvir
— Momento de amar.

TALVEZ

Talvez, te querer seja o certo
Talvez, eu volte a te amar
Talvez, a natureza sorria
No dia que eu te encontrar.
Talvez, o amanhã seja hoje
Talvez, não consiga cantar
Talvez, os meus passos sejam curtos
Para poder te alcançar.
Em cada reta te vejo
Na curva vou procurar
Talvez, uma ponte dos sonhos
Esteja pronto para nós dois passar.

SONHO

Domingo sonhei contigo.
Segunda, te encontrei
Na terça, troquei olhar
Quarta, me aproximei
Na quinta, fiz um canteiro
Sexta, flores plantei
Na zero hora de sábado
Por ti me apaixonei!

HINO À TERCEIRA IDADE

Brasil, meu país amado
No teu berço eu nasci
Me orgulho de ser brasileiro
Te defendo e luto por ti
Nós somos a Terceira Idade
Unidos de coração
Abraçamos a nossa bandeira
E honramos a nossa nação.

DOÇURA

Singela é tua face
Meigo é o teu falar
Exala de ti um perfume
Doce é o teu olhar.
Pureza tu tens de sobra
Encanta como ninguém
O teu abraço acalma
Tuas mãos um segredo tem.
Veleiro que segue a rota
Querendo a praia chegar
São tantos seus predicados
Que aqui não dá pra contar
É Rosa, Dália e Margarida.
Para o jardim de alguém enfeitar.

ESPAÇO

Nuvens invadem o espaço
Na trilha desta manhã
Cores em cada pedaço
Contemplo neste Divã
A emoção me invade a alma
Borbulha meu coração
Esqueço os tributos da vida
Com risos, amor e canção.

LABIRINTO

As mãos se entrelaçam
Como labirinto
Te embalo no colo
E teu corpo sinto
O espelho da vida
Reflete nós dois
São laços e mistérios
Que brilham depois.
Mar, bate na pedra
Não faz ferimento
A vida me ensina
Correr contra o tempo
As aves anunciam
Um canto de paz
Já é novo dia
Tristeza jamais.

COMIEIRA

Vestígio do teu amor
Ficou em meu coração
Luto contra a saudade
Te chamo, mas tudo em vão.
Meus olhos não têm mais lágrimas
De tanto chorar por ti
Em cima da comieira
O teu nome escrevi.
Fico na esperança
Espero por teu amor
Eu mesma faço desenhos
E pinto o que restou
Só falta o prato e o pincel
A tinta você levou.

SEGREDOS

A pauta do meu caderno
Não dá para escrever
Os versos são fantasias
Comparados ao meu sofrer.
A luz do dia penumbra
Porque você não está
Preparo o leito e a mesa
E te espero voltar.
Manejo o eixo da sorte
Cantando vou suportar
Vem logo, para os meus braços
Segredos vou revelar.

SOLIDÃO

Abro a porta...

— Para o amor
— Para o prazer
— Para o amigo

Solidão não entra.

Abro a porta...

— Para criança
— Para as flores
— Para o sol

Solidão não entra.

Abro a porta...

— Para a esperança
— Para o sorriso
— Para o rei

Solidão não entra.

PROJETO

Projetei a sua imagem
Desenhei teu coração
Teu corpo é uma escultura
Tua voz uma canção.
Teus olhos dizem segredos
Não revelados por ti,
Com rimas e desafios
Teus defeitos esqueci.
Caminho na esperança,
Vou encontrar você,
Nosso projeto está pronto
Querer é poder.

RELENTO

Estendo o corpo ao relento
Me entrego ao seu prazer
A brisa acalma meu medo
Não penso em te perder.
Acato as suas palavras
Montanhas vou ultrapassar
Linhas são caminhos sem regras
Ao vale vou retornar.
O ruído da cachoeira,
Me leva a te desejar.

JURAMENTO

— Desisti de te amar
— Desisti de te querer
— Desistir de te esperar
— Desistir de te esquecer
— Aprendi que a vida tem
Coisas melhores para dar
— Apertei o ponto certo
Para não desatar,
A música só é perfeita
Se o verso combinar.
Palavras bonitas não bastam
Se o amor não está,
O juramento às vezes
Só serve para atrapalhar,
Às vezes pintamos a vida
Contrário que ela está.

ESTACAS

Viajei no teu perfil
Descansei na tua essência
Repousei no teu amor
Mas não tenho a tua presença.
Os sonhos que foram ontem
É só recordação
Estacas estão presentes
Marcando, mas tudo em vão.
Em cima da corda bamba
Precisa de atenção
Melhor o amanhá certo
Do que o hoje sem decisão.

ESCALADA

Caminho junto da neve
Guiado pela emoção
Alcanço o cume mais alto
E escalo no teu coração.
Na subida me sinto forte
Porque ao meu lado estás
Os meus olhos tem mais brilho
Delírio ao te abraçar.
Te faço sentir criança,
Em busca do que perdeu
Ajeito tudo de novo
Desperto o amor que é seu.
São serpentinas diversas unindo você e eu.

TROFÉU

Você é o ar que eu respiro,
Tudo me leva a ti.
Vivo neste delírio, ainda não te esqueci.
Guardo suas cartas antigas
E faço delas troféu.
Só restam suas lembranças,
Sou abelha à procura do mel.
Quem sabe um futuro podemos recomeçar,
Juntar as cores da sorte
O errado, deixar para lá.
É grande a esperança
Do teu corpo abraçar.

ACASO

Levado pelo acaso você se aproximou.
Trocamos algumas palavras,
Ali nasceu o amor.

A timidez nos invade,
Tentando nos calar.
O sentimento é mais forte
Juntos trocamos um olhar.

O nosso ontem não importa,
Vamos Viver o que está.
O amanhã nos espera,
O novo sol vai brilhar.

PLANOS

Hoje dei os primeiros passos no caminho da esperança.
Na certeza de encontrar
meu talismã, prossigo amparada por
alguém que é você.
Me sinto segura na certeza de ser feliz.
Vejo o pôr do sol
e cresce em meu coração o desejo
de te amar.
Juntos vamos traçar nossos planos!

DE VOLTA
(2012 – 2016)

ÁRVORE

Para minhas filhas, netos e bisnetos

Ontem fui semente
Hoje árvore sou
Filhos, netos e bisnetos
São dádivas que Deus me doou.
Os galhos são meus braços
Abertos para receber
A árvore é meu corpo
Vocês me ajudam a viver.

PASSADO

Busquei um passado ausente
Mas nada ali encontrei
Bem perto estava o presente
Juntei os dois e cantei
São coisas já calejadas
Que o tempo não mais destrói
São águas de um outro rio
Que só o amor constrói
Já fiz da vida promessa
Marquei a hora de ouvir
Estamos no paralelo
Unidos vamos seguir.

AMIGA E COMPANHEIRA

Minha amiga e companheira
Sempre ao meu lado está
Se acordo, logo a vejo
Pronta para me ajudar
Se choro, conto contigo
Se canto, cantas também
A ti agradeço amiga
O muito que você me fez.

ESTANDARTE

Em plena rua procuro
Teu vulto sem encontrar
Só flores enchem o vazio
Que tu podes causar
Trafego em lugares sombrios
Venha logo me procurar.
Como um estandarte aparece
Mexendo forte em meu ser
Por mais seguro que eu esteja
Você pode desprender
O coração é quem manda
O que devemos fazer.

LUZES

Luzes refletem sobre mim
Porque te encontrei, amiga
Ao te abraçar nasceu
uma forte união entre nós.
Amiga, como é bom estar com você
Ouvir tua voz mansa me dando esperança
e segurando minhas mãos.
Amiga, teu jeito carismático e sincero,
paz e confiança me traz,
Vamos plantar boas sementes
e cultivar o amor.
Te amo, amiga.

DESATAR

Nos altos e baixos da vida
Você pode nivelar
Puxando a ponta certa
Este nó desatar
Para acabar a saudade
Que volta a me sufocar.

ESPERO

Espero voltar aos teus braços
Espero encontrar você
Suspiro ao ouvir teu nome
Meus olhos querem te ver
Trafego em ruas escuras
Só vejo a luz do luar
Estrelas me ensinam o caminho
Onde te encontrar
Juntamos o passado e o presente
Abertos vamos jogar
Unir a dama e o valete
O rei depois vai entrar.

ESTEIO

Você é meu esteio
Faz parte do meu prazer
Janela do meu sobrado
Meu sol, ao entardecer
Se ando, és minha sombra
Se paro, perto estás
Se corro, vejo teu vulto
Preciso te encontrar.

ALQUEIRES

Do coração fiz alqueires
Porção maior para você
Divido em quatro partes
Seguro para não perder.
Espero a volta do tempo
Trazer o ontem que foi
Juntar o que estava de fora
Ampliar o resto depois.

TERRENO MOLHADO

Você é o meu poema
É minha inspiração
Água da Minha fonte
Contigo perco a razão.
Se faço promessas não cumpro
Só quero ao seu lado estar
Avanço em terreno molhado
Navego até te encontrar.

CASULO

Como casulo me sinto
Perto de você
Banhado pela água do tempo
O sol me ajuda a viver
As aves já não me procuram
Para entoar seu cantar
Me sinto perdida no escuro
Somente o barulho do mar
Enche meu coração de esperança
Que um dia você vai voltar.

TEMPORAL

Embarquei no temporal
Fui além de você
Cheguei ao porto dos beijos
Voltei a te querer.
Se tenho insônia, ai saudade...
Tua face presente está
Te acho entre o restrito
Meu amor tu fazes aguçar.
Porteira fechada se encontra
As trancas vou desfazer
Meu coração está livre
Aberto para você
Vou viajar nos teus olhos
Seus braços vão me querer.

NEGA

Nega valente e guerreira
Pele queimada do sol
Enfrenta a luta, é brejeira
Saia de renda e filó
Mexendo as ancas caminha
Sem presa de chegar
Menino em casa espera
Farinha para se alimentar
A nega procura chinela
No canto que é seu lugar
Nega que acende a fogueira
E pesca com o samburá
Mãos calejadas do tempo
No pilão, o café vai socar
Quando finda o dia, a nega
Deita para descansar.

SILÊNCIO

Mais uma noite sem você
Tudo em volta está triste
A saudade me sufoca
Procuro apagar esta lembrança,
mas é tudo em vão.
Teu sorriso está vivo em minha mente
Tuas palavras de amor marcaram
minha vida
Sinto suas mãos tocando em meu corpo
Por que este silêncio?
Tua voz é como canção de ninar
Me entrego em teus braços
Adormeço como criança,
tenho lindos sonhos,
Acordo e você ao meu lado não está.

LENÇÓIS DE ÁGUA

Fiz teste com outro alguém
Fiz Juras de amor sem querer
Selei um conserto com mar
Pensando que era você
Canoas nas águas flutuam
Sem rumo e sem direção
Caminho sem pressa e procuro
Chegar e pegar tua mão
Lençóis de água se aproximam
Trazem junto a esperança final
Estar ao seu lado faz parte
De um sonho quase real.

A VOLTA

Voltei para reviver
O que perdi no escuro
Fiz cordas fortes para ver
Se tudo estava seguro
Mandei embora a saudade
Que estava em meu coração
Fiz volta e retornei
Veio junto a ilusão
Mas o amor que é mais forte
Entrego em suas mãos.

LIBERDADE

Abre espaço para o negro na sociedade
O negro espera sua liberdade
O negro é gente como você
Por que preconceito? Por quê?
Deixem o negro viver
Nos dê uma chance para mostrar
A voz do negro não pode parar
O negro é inteligente
Ele é capaz
O negro não corre da luta, jamais
O negro é marcado por tudo o que faz.

FIM DE SEMANA

Fim de semana contigo
Enche meu coração de prazer
Não percebo os dias que passam
Sou criança sem perceber
Meu mundo eu faço de flores
Canteiro faço sem ver
Planto rosas, jasmim e açucenas.
Suspiro também plantei
Fiz um buquê de saudade
Entrego a você e findei.

POESIA

A poesia é uma criança
A poesia é uma adolescente
A poesia é uma mulher
A poesia é uma canção
A poesia é um brinquedo
Enche nosso coração de alegria
Nos acalma e nos faz sorrir
Vamos viajar no mundo da poesia.

ESPELHO

Fiz da vida um espelho
Virei ao avesso e pintei
Fiz um quadro de esperança
Fui mais longe e voltei
Vi estradas de flores
Caminhei ao teu lado sem ver
Percebi que um zero à esquerda
Não faz parte do nosso querer.

CAATINGA

Vida no sertão é difícil
Foi lá que eu nasci
Pegando água no açude
No lombo do jegue cresci
Não cursei a escola
Presente nunca ganhei
Embaixo do sol escaldante
sem sapato caminhei
Minhas mãos ainda têm marcas
Das caatingas que rocei
Só dormia na esteira
Das taboas que cortei.

VESTIDO DE CHITA

Com seu vestido de chita
Você ia todo dia
Com ramalhete de flores
Me olhava e sorria
Do outro lado da estrada
Eu esperava você
Voltar da sua viagem
Fazendo meu coração sofrer
Pousava de jeito dengoso
Eu me entregava a você.

Agradeço a Deus, a meus familiares
e amigos, e, em especial, agradeço a
minha filha Marilene (*in memoriam*)

CARA LEITORA, CARO LEITOR

A **Cachalote** é o selo de literatura brasileira do grupo **Aboio**.

Lemos, selecionamos e editamos com muito cuidado e carinho cada um dos livros do nosso catálogo, buscando respeitar e favorecer o trabalho dos autores, de um lado, e entregar a vocês, leitores, uma experiência literária instigante.

Nada disso, portanto, faria sentido sem a confiança que os leitores depositam no nosso trabalho. E é por isso que convidamos vocês a fazerem cada vez mais parte do nosso oceano!

Todas as apoiadoras e apoiadores das pré-vendas da **Cachalote**:

> — **têm o nome impresso nos agradecimentos dos livros;**
> — **recebem 10% de desconto para a próxima compra de qualquer título do grupo Aboio.**

Conheçam nossos livros e autores pelo site **aboio.com.br** e siga nossos perfis nas redes sociais. Teremos prazer em dividir com vocês todos nossos projetos e novidades e, é claro, ouvir suas impressões para sempre aprendermos como melhorar!

Embarque e nade com a gente.

Cada livro é um mergulho que precisa emergir.

PUBLISHER Leopoldo Cavalcante

EDITOR-CHEFE André Balbo

REVISÃO Thayná Facó

DIREÇÃO DE ARTE Luísa Machado

PROJETO GRÁFICO E CAPA Leopoldo Cavalcante

ASSISTÊNCIA EDITORIAL Nelson Nepomuceno

FOTO Juh Almeida

COMERCIAL Marcela Roldão

© da edição Cachalote, 2024
© do texto Maria L. P. Mariano, 2024
© das fotos Juh Almeida, 2024

Todos os direitos reservados. Nenhuma parte desta obra pode ser reproduzida, arquivada ou transmitida de nenhuma forma ou por nenhum meio sem a permissão expressa e por escrito da Aboio.

Grafia atualizada segundo o Acordo Ortográfico da Língua Portuguesa de 1990, que entrou em vigor no Brasil em 2009.

Dados Internacionais de Catalogação na Publicação (CIP)
Aline Graziele Benitez — Bibliotecária — CRB-1/3129

Mariano, Maria L. P.
   Alma de poeta / Maria L. P. Mariano. -- São Paulo : Cachalote, 2024.

   ISBN 978-65-83003-14-0

   1. Poesia brasileira I. Título.

24-239946   CDD-B869.1

Índices para catálogo sistemático:
1. Poesia : Literatura brasileira

[2024]

Todos os direitos desta edição reservados à:
ABOIO EDITORA LTDA
São Paulo — SP
(11) 91580-3133
www.aboio.com.br
instagram.com/aboioeditora/
facebook.com/aboioeditora/

[Primeira edição, dezembro de 2024]

Esta obra foi composta em Adobe Garamond Pro.
O miolo está no papel Pólen® Bold 70g/m².
A tiragem desta edição foi de 1000 exemplares.
Impressão pelas Gráficas Loyola (SP/SP)

A marca FSC® é a garantia de que a madeira utilizada na fabricação do papel deste livro provém de florestas que foram gerenciadas de maneira ambientalmente correta, socialmente justa e economicamente viável, além de outras fontes de origem controlada.